カズ語録

不屈の魂が身につく218の言葉

三浦知良 選

PHP文庫

○本表紙図柄＝ロゼッタ・ストーン（大英博物館蔵）
○本表紙デザイン＋紋章＝上田晃郷

【特別寄稿】

可能性が１％あればそれを信じよう

三浦知良

励まされてきたから激励できる

この本は、1982年にブラジルに渡る前から現在にいたるまで、30年以上にわたる僕のサッカー人生で発言してきた言葉をまとめたものです。

きっかけは、2011年3月29日、東日本大震災復興支援チャリティーマッチがんばろうニッポン！ で決めたゴールだった。

僕はサッカー選手として、ゴールの持つ重みを感じてきた。いろんなゴールを決めてきたけど、チャリティーマッチのあのゴールで、自分のあげる1点がどれだけの意味を持つかということを、本当に改めて思い知ったんだ。

サッカーはゴールだけじゃなく、すべてが大事だ。それでも、1本のゴールがみんなの心に刻まれるんだということを、すごく教えられました。

「カズさんのゴールとメッセージに励まされた」というたくさんの声が寄せられた。そこに、僕の言葉を集めた「日めくり」を出しませんかというオファーがあって、『KAZU魂のメッセージ　底力』（PHP研究所）が出た。うれしいことに、「もっと多くのメッセージを読みたい」という声がまたたくさん届きました。

僕の言葉を集めた『蹴音』（ぴあ）という本が出ている。それに最近の発言を加え、新たな形で文庫化しませんか、という話になった。

僕は自分の経験とか自分に起こっていること、その時の感情とかを、そのまま言葉にするタイプだ。インタビュー前に資料をもらうこともあるが、勉強嫌いなので、あまり読まなかったりする（笑）。ズバッと聞かれ、パッとひらめいて、自分の言葉が自然に出てくる感じかな。

そういう言葉があんまり重くなり、影響力を持ちすぎるのは申しわけないし、一つひとつの言葉に責任を感じる。だいたい僕は、人に教えるとかいうことを、ほとんどしないんです。一方で、言葉が本になると「結構いいこと言ってるじゃん」と、自分の言葉に自分で酔ったりするんですけどね（笑）。

でも、僕の言葉で「励まされました」「救われました」と言われるのは素直にうれしい。僕の言葉に嘘はないし、自分が本当に経験してきたことだけを言ってますから。

僕にその経験をさせてくれるのは、ファンのみなさん、読者のみなさん。だから僕は、みなさんから励まされて成長してると思っています。

そんな自分の言葉が、逆に多くの人の励みになるならと、発刊を決めた。言葉も改めて自分自身で選び直しました。

人間的に成長した2年

「1センチでもいいから前に出る」

すごく好きな言葉です。2000年に、日本代表監督になってたトルシエに呼ばれた時も、この言葉が頭の中によみがえったくらい。

僕のサッカー人生にはいくつもの区切りがあるけど、一番大きな分岐点は1998年と1999年なんだ。サッカーのプレーだけで言うと、実は88年に大きく伸びることができた区切りの時期があったんだけど、98年と99年は人間的な部分ですごく変わったし、成長もした。

97年にフランスワールドカップ（以下W杯）の予選を戦ってフランス行きを決

めたけど、98年のフランスW杯は、登録メンバーから外れて行けなかった。その年末にヴェルディ川崎も解雇になり、クロアチア（ザグレブ）に渡った。そして99年に帰って来て京都（サンガ）に移籍。

W杯に行けずクロアチアに行って「カズの時代は終わった」と言われていた。誰もが「カズは、日本代表にはもう戻らない」と思っていただろうね。

だけど、翌年の２０００年、京都でプレーしていた33歳の時、トルシエから代表に呼ばれた。偶然お風呂で二人になって、トルシエは僕を見て、「まだまだ若い。なんで98年のW杯に行けなかったんだ？　監督（岡田武史監督）ともめたのか」なんて聞いてきた。

そして「今はすごくコンディションがいいじゃないか。メンタル面もいい」と言ってくれて、「少しは体が衰えてるかもしれないけど、頭を常にフレッシュな状態にしていればいいんだ」と教えてくれた。

ベテランになってもずっとプレーできているのは、このトルシエとの出会いがすごく大きい。広くものごとを見られるようになって、僕は人間的に変わっていった。前に出る気持ちを自分の中に取り戻したんだと思う。

前向きでいることが自然体

もう一つ、98年から99年のクロアチアでは、僕より4歳年長のゴラン・ユーリッチという選手との出会いも大きかった。すごくアグレッシブで、常にサッカーをリフレッシュしながら、人生を楽しんでいる選手でした。

当時の僕には、人生を楽しみ、サッカーを楽しむことを、ちょっと忘れかけていたところがあった。「日本を背負ってプレーしなきゃ」という意識が常にあって、疲労がたまっていたんだろう。

ゴラン・ユーリッチと出会ったことで、その意識から解放された気がした。そして、サッカーが子どもの頃から大好きだった、ブラジルにも行った、という原点に回帰できたんです。

ファンの中には、僕が悲愴感を持ってサッカーをやっていると思われてる方もいるようですね。テレビでニュース素材にされる時や、ドキュメンタリー番組で描かれる時に、よく「光と影」みたいな取り上げられ方をするからかな。テレビとかで「カズさんが味わった苦しみを励みにして」なんてファンの声がかぶると、「僕は別にずっとそんなふうに思っているわけじゃないよ。そこはちょっとずれてるなあ」と思う。

僕は、ものすごくストイックなわけではないんだ。苦しんでサッカーをやってるわけでは決してない。ファンの方からの手紙に「カズさんの苦しみを考えたら、僕の悩みなんて」とか書いてあると、「僕はそんな苦しんでないんだよ」と伝えたくなるくらいだ（笑）。

もちろん練習はきついに決まってる。でも、その苦しい練習も、サッカーが楽しいから、やっていられる。サッカーが苦労だったら、僕はサッカーなんかやってない。何でもそうだ。楽しいから続けられるんだ。

僕は、よくみんなから「前向きだ」と言われる。前向きな発言をしようと意識しているわけではない。前向きでいることが、僕の中では普通のことなんだ。僕にとって一番自然な姿勢が、前向きというだけなんです。

自分を助けられるのは自分だけ

「学ばない者は人のせいにする。
学びつつある者は自分のせいにする。
学ぶことを知っている者は誰のせいにもしない」

この言葉も大好きですね（『底力』所収。本書ではこれに続く「大事なのは、結果が出なくても人のせいにしないってこと」を収録）。

僕はファンの方々をはじめ、いろんな仲間や先輩たちに助けられてきました。取り組む姿勢、態度、言葉など、多くのものを教えてもらった。でも、最もたくさんのものを吸収したのは、やっぱりブラジルでの生活でした。15歳から23歳という濃い時期を過ごしたんだから。

そのブラジルで学んだポイントの一つが「自分で積極的にはい上がる」ということ。

サッカーの世界だけかもしれないけど、ブラジルでは、落ちていく者を助ける人はいない。「自分ではい上がる」姿勢が徹底しているから。

たとえば、ブラジル人の集まりに自分から積極的に入って行こうとすれば、温かく受け入れられる。けど、誰かに「中に入れよ」と言ってもらうのを待つ姿勢だと、なかなか認めてもらえない。

ブラジルのサントスで試合に出られない時代にも、「お前、かわいそうだな」なんて言ってくれる人はいなかった。同情するより、「早くはい上がって来い」と励ます感じだった。一緒にプレーをするチームメイトではあるんだけど、落ちていくやつは落ちていくという世界なんだ。

日本は、落ちこぼれていく人がいたら誰かが助けようとする。サッカーの世界でも、ダメそうなやつを、「みんなで声をかけて助けてやれ」って監督が言ったりする。それはそれで、ある種のいい風習だと思う。

ただ、僕の中では、少なくともプロの世界では、あり得ない。プロは、いくら仲間でも、自分のポジションを取られたら自分の処遇がどうなるかわからないシビアな競争が根本にあるんです。だから、たとえば練習でだらだらやっているやつを助けるとかいう習慣は、僕にはない。「早く自分で気づけ」と思う。

僕はいろんな人に助けられてきたけど、それは手を貸してもらうというより、自分で見て、自分自身で気づいていった面が大きいんです。

挑戦することが成功すること

「常に何かに挑戦していれば輝きは失わない」

これも好きな言葉です。挑戦して、その結果が成功だとか、失敗だとかではないんだ。挑戦した時が、もう成功と言えるんではないだろうか。

サッカーだけじゃなく、人生では、成功とか失敗とか、簡単には言い切れないと思う。

たとえば、何かの世界チャンピオンになったとしても、引退してから酒におぼれたり、人に迷惑をかけたり、人生を捨ててしまったら、世界チャンピオンになったことは成功じゃなくなるんじゃないかな。

一方で、たとえ世界チャンピオンにまではなれなくても、負けた自分にプライドを持って豊かに生きていくことができたら、それは、人生というくくりで見て成功だよね。

チャンピオンを賭けた一戦なんて、人生の中では一瞬だよ。その勝負に勝ったか負けたかで、人生を決めることは誰にもできない。そんな決めつけより、自分自身がどれだけ納得して毎日を過ごしているかのほうが大事だと思う。みんな成功したい、勝ちたいと思うけど、負けたから失敗だということではないんだよ。

僕はこれを、特に若い人に伝えたいと思う。勝敗よりもチャレンジすること自体が成功だということを、若い人みんなが思って生きていけば、本当にいい世の中ができるのではないかと感じるから。

みんなそれぞれ価値観があり、人生のとらえ方も違う。でも、なんでもあきらめずにやることが大事。かなったか、かなわなかったかよりも、どれだけ自分が頑張れたか、やり切れたかが一番重要なんです。

僕はいつも「かなう」と信じて行動するけど、やっぱりかなわないこともある。人生は、結果が出る時と出ない時のくり返し。最後に死ぬ時、自分の生きた証がつかめていればいいいんだ。

信念は変えず手段を変える

「自分をどんどん変化させていくことが大切」

こう僕はよく言うんだ。

時代はどんどん変わっていく。そんな中で生き延びていくのは、強い人でも賢い人でもない。変化に対応できる人だよ。

これは、「信念は譲れない」ということとは別。信念は変えてはいけないけれど、やり方は変えなければならないということ。

僕は、自分をサッカー選手としては未熟だと考えてる。格好つけているわけではない。本当に「自分はどの選手より、監督よりもサッカーを知ってる」と思ったことはないんだ。

そして、未熟だからずっとサッカーをやっていられたと思っている。

プレーすることは知っているけど、知らないことのほうがずっと多いから、何でも人に聞く。サッカーしてない人にも聞く（笑）。自分が成長するために、少しでもヒントがほしい。「まだ俺がよくなる方法ないか？　何か教えてくれ」「今日の俺のプレー見ただろう？　何が足りない？　どうしたらいいんだ？」とどんどん聞く。

相手も困って、「カズは誰も知らない領域に入ってるから、何も言えない」となってしまうことも多い。でも、何か一つでも言ってくれたら、何かのヒントになる。それを求めてしつこく聞き続けている。

今年参戦したフットサルでも、試合中チームメイトに「今どういう状況？　チームはこれでいいの？」と質問だらけだった。聞くのが怖いとか恥ずかしいとかいうことは全然ない。

そして、言われたことは受け入れる。僕は長く経験を積んできたけど、経験というのは、ものを受け入れ、吸収する力を増していくものだと思う。

たとえばコーチがつくったトレーニングメニューも、若い頃だったらコーチの指示通りにやっていたところを、「どうしてこれがいいのか。どこの筋肉の部分にどういいのか」と、しつこく聞くようになる。

そういう変化が出てきて、ものごとの理解が深くなる。それが経験を積むということなんだと思う。

45歳の僕の夢

「プロになるのは難しい。100%無理かもしれない。でも、可能性が少しでもあれば俺はがんばる」

これは1983年、ブラジルに渡った直後に友人に送った手紙の中の一節だ。1%の可能性があれば、それを信じて進んできた。

そして僕は今、もう一度海外でプレーしたいという夢に向かって進んでいる。日本にいたら、どうしても「カズさん、カズさん」と、みんなが持ち上げてくれる。それはとてもありがたいことだけど、時にはどれが本物でどれが偽物か判断がつかない時もある。自分の足がちゃんと地についてるのか、ついてないのか、わからない時もある。

だから日本を出て、自分を実力でいいか悪いか評価してくれるところでプレーしたいんだ。自分を客観的に見ることができ、頭がやわらかくなり、人生で学ぶことも多くなる。

そうやって成長し、アジアのサッカーを底上げする力になりたいと思う。サッカーにはヨーロッパと南米という二大勢力があり、そのあとにアジア、アフリカ、オセアニアが続いている。その中で、まずアジアで日本が中心となってサッカーを盛り上げていくことが大事だ。

これから10年、アジアの枠はもっと広がっていく。日本の選手がスリランカでプレーする時代がくるかもしれない。タイのアクロバティックなプレーレベルも高い。日本、韓国、中国の交流も格段に広がっていくだろう。

今のヨーロッパでは、イタリア、スペイン、フランス、ドイツ、イングランドのリーグで活躍する選手の国籍がバラバラといった状態だ。アジアもそんなふうになっていくに違いない。現に、岡田武史さんも中国で監督をやってる。

アジアの選手たちが日本に来る、日本の選手たちがアジアにも出るという活性化した状態が、今のグローバルな世界では求められる。そうなってアジアのサッカーのレベルが底上げされると、ヨーロッパという舞台がもっと近くなる。

その一方で２０１１年は、女子サッカー日本代表のなでしこジャパンのみなさんがW杯で優勝という快挙を成し遂げてくれた。このニュースは同じサッカー人として本当にうれしかったし、誇りに思います。キャプテンであり、バロンドールに選ばれた澤穂希選手をはじめ、監督以下チーム・スタッフのみなさんには心から敬意を表します。男子サッカーも負けてられないね。

近年、東日本大震災をはじめ、日本各地で想像もできなかった大災害が頻発している。その上、世界経済もおかしい。元気がない。そんな状況で、「サッカーなんてしている場合じゃない」とも思ったんです。だけど、僕らがプレーをつづけることで、夢や希望を感じとってもらえるならば、こんなにうれしいことはありません。

本書の刊行にあたってお世話になった多くのスタッフ、編集担当の中村悠志氏に感謝いたします。

２０１２年２月26日

三浦知良

目次◎カズ語録　不屈の魂が身につく218の言葉

編集協力・アールズ　吉田　宏

1章 プロフェッショナルの流儀

──キング・カズ「サムライ」語録

©J.league Photos

足に魂込めました。

1992年の発言。
アジアカップ予選、日本代表対イラク代表で決勝点を決めた時のセリフ。

可能性は1％あるんですね？
じゃあ、僕はその1％を信じます。

1982年の言葉。
高校の監督にブラジル留学を「人間100％はないが、お前は99％無理だ」と言われて。

自分が一番輝ける場所を求めていく。

2003年の言葉。
イタリアのユベントスで活躍したロベルト・バッジョが、怪我に悩まされながら、いくつものクラブを渡り歩いてきた姿勢にふれて。「自分に何かあるごとに、彼の姿が大きな励みになってきた」

異常なくらい勝負にこだわるというのは、
一流選手に共通する特徴だ。

2003年の発言。
1996年のキリンカップ、ユーゴスラビア代表はカズのゴールで1対0で日本に負けた。その時のオフサイドの判定に、キャプテンだったドラガン・ストイコビッチが、いまだにこだわっていることに関して。

支持されること、批判されること、
そのすべてが仕事の一部だと
思えばいいんです。

2008年の言葉。
Ｊリーグ、日本サッカーの顔として注目され、批判的な意見もあったことを問われて。

勝てない時には、叩かれればいい。
精神的にプロにならなきゃいけない。

1991年４月、読売サッカークラブ（現東京ヴェルディ）在籍時の発言。

「ブラジルの新聞は、負けた時にはボロクソに書きますからね。でも、次の日によかったら思い切りほめてくれればいいんですよ」

本当に人気スポーツとなるためには、
批判の対象になるかどうかにかかっている。

2011年ドイツ女子W杯で優勝したなでしこジャパンへのメッセージ。
「そして、赤いバラをみなさんに贈りたいと思います」

何を書かれようと、
選手はプレイをすればいい。

2002年５月、ヴィッセル神戸在籍時の発言。
「監督はそうはいきませんよね。監督のくせにこんなことをしていていいのか、なんていうことも評価の一部分ですから」

厳しいところでみんなから見られて、
体が動かないぐらいに震えながら戦い抜く。

「そういう経験が得られればいいと思う」と、カズは1994年からのセリエＡでの試練の渦中で語っている。

相手をバカにしたような
観客に受けるプレイをするのも一流選手。

ブラジル時代から、観客にアピールするプレイを心がけていたという。「ブラジルでは、いいサッカーをファンに見せるというのが考え方の中心になっていますから」

優れた監督といい監督とは違う。
選手にとっていい監督というのは
自分を使ってくれる監督のこと。

イタリアのジェノアで監督だったマルキオーロについての言葉。
「選手って、監督が自分を信頼してくれているかいないかってよくわかるんだよ」

慰め合うなんていうのは、
プロにとって一番ダメなことですよ。

ヴィッセル神戸時代でのキャプテン経験を語った言葉。
「そうすると、お互い愚痴しか言わなかったりとか、監督の悪口とか、これはもう社会と一緒でしょ」

お金をもらうからプロじゃない。
どんな時でも手を抜かず、
全力で戦うからプロなんだ。

2006年1月、シドニーFCから横浜FCに復帰した際の発言。
ブラジル時代の経験に基づく理想のプロサッカー選手像を語った。「そこを勘違いしている選手が最近多い」と続けている。

照明のないグラウンドで豆電球つるして
ゲームをした。
そんな試合でも金になるし、次につながる。
自分の手で金をつかむって、
そういうことじゃないか？

1987年、ブラジルのマツバラ在籍時のエピソード。
「格下だろうが、試合に出られるチームで経験を積んでやろうと思っていました」

サッカーはどこでもできる。
自分の求めるサッカーがあれば、
どこにでも行く。

94年4月、ヴェルディ川崎在籍時の言葉。
「ずっと先のことは、誰にもわからないでしょう？」

評価される金額でなければ、
絶対に大事にされない。

金銭についてのカズの持論。
「そういうことはブラジル時代に学びました。500万円の選手と5億円の選手なら、クラブが5億円の選手を大切にするのは当たり前ですから」

お金の問題じゃないんだ。
自分の力をどう評価してくれるかが
大事なんだ。

1999年9月、京都サンガ在籍時の発言。
「笑われてもいいし、文句を言われてもいい。ボロボロになるまでサッカーを続けたい」「最後は県リーグでもいい。月給が30万円でも、チームの中心として使ってくれれば問題ない」

プロだから、いい条件でいい仕事ができるところに行く。

1991年4月、読売サッカークラブ在籍時の発言。
当時から選手としての姿勢は一貫している。「選手っていうのは、いつどうなるかわからない。金銭面でも、生活環境でも、いい条件で、いい環境でプレイできるなら、そっちに行くべきです」

金のためにボールを蹴るのがプロ。
夢のためにすべてを捨てるのもプロ。

1994年２月、ヴェルディ川崎（現東京ヴェルディ）在籍時の発言。
「すべてを捨ててでもヨーロッパでプレイしたいという気持ちがあります」

名門でも、
グラウンドに立てなければ意味がない。

10代の頃、名門のサントスFCから移籍した理由についての発言。
「ベンチにいるだけではプロとは言えないから」

何が支えになるとかいうことではなくて、
プロは自分の道をきわめるしかないからね。

1998年のフランスW杯に出場できなかった後の
支えは、と聞かれた時の発言。

能力の格差があるのに、
みんなが同じように
サッカーができるなんて、間違いだと思う。

1999年1月、クロアチア・ザグレブ在籍時の発言。
「40人が同じユニフォームを着られて同じものを食えている日本のサッカーチームはおかしいと思う。20人が待遇よくて、ほかの選手はそこにいくのに時間がかかるからこそ、トップチームに上がろうと必死になるわけで」

絶対的な力があれば、変なことはされない。
現実を冷静に受け止めなければいけません。

2005年8月、横浜FC移籍時の言葉。
「日本代表で中心になってやっている頃は、プレイスタイルが嫌いだとか使わないだとか言う人はいなかった。誰が監督になっても黙らせるだけの実力がありましたから。それができないというのは、力が落ちているということ」

「俺にはサッカーしかない」が、
プロ選手になるために
いちばん必要な気持ち。

1986年、ブラジルのサントスFC在籍時、日本人のブラジルへのサッカー留学についての発言。

ほとんどチャンスを与えられなくても、
死にものぐるいでやれる選手はいいね。

1997年7月、ヴェルディ川崎在籍時の発言。

プレイを通してお客さんと一体感を持てると、プロとしてやっている、という充実感を感じる。

1996年９月、ヴェルディ川崎在籍時の発言。
「努力するとか、自己管理するとか、そういうのは当たり前ですから」

観客を満足させるのも大切な仕事。
プロは、魅せるプレイをするべき。

1993年、ヴェルディ川崎在籍時の発言。
「注目される立場にあるんだから、サッカー選手は夢を与えなきゃいけない」

僕は自分だけのものではありません。
みんなのものでもあるんだと
思うようになってきました。

1995年1月、イタリア・ジェノア在籍時の発言。
「ファンやマスコミとのコミュニケーションも含めてのプロなんだ。そう考えるようになってきました」

ボールにぶつけるのは魂の大きさだと思う。

2001年6月、ヴィッセル神戸在籍時の発言。
「ボールが来るまで、我慢、忍耐、チャンスをものにするストレスがのしかかります」

2章 常に「今の自分以上」に進め
——キング・カズ「開拓者」語録

©J.league Photos

戻りたい過去はありません。
過去は過去ですから。

2011年の発言。
「過去に戻れるとしたら、いつ、どんな場面に？」と聞かれて。

今は
何かをすべきタイミングではないのかも。
でも、
いつまでも何もしないわけにはいかない。
僕らは生きなくてはいけないのだから。

2011年の発言。
東日本大震災チャリティマッチ開催が震災から日の浅い3月29日であることについて。

1センチでもいいから前に出る。
前に出ようとする心を持つ。

2011年の言葉。
ブラジルで悩んでいた17歳の頃に「悩むだけで止まっている人間はたくさんいるけど、そこで行動に移さないと意味がない」ことを学んだ。

成功するためには、
おとなしくしてたらダメだとか、
自分から積極的にいかなきゃ
ダメだということを、体で学んだ。

1982年頃の自分を振り返った言葉。
「いつもブラジル人に対して挑戦的だった。当時、サッカーの世界では、僕ら日本人が一番下だったからね」

人間、目標や夢がないと
生きていけないものじゃないかな。

2008年の言葉。
「夢イコール目標。それがないと自分は生きていけない。だから持ち続けたい」

常に何かに挑戦していれば
輝きは失わないでしょう。

1996年９月、ヴェルディ川崎在籍時の日本と世界の格差についての発言。

日本にいても、自分を高めて世界レベルを見つめて、「自分は世界に通じる」という気持ちでいればいい。

何があっても夢だけは見てきました。
夢を捨てたら、すべてが終わります。

2001年６月、ヴィッセル神戸在籍時の発言。
「日本代表で必要とされる時が来るまで、十分に自分を磨いておきますよ」

悩まないで
サッカーをやっていたことはない。
でも、楽しくやらなければならないんだね。

1999年９月、京都サンガ在籍時の発言。
15分しか出場できなくても常に前を向いていこうと思うことで、15歳でブラジルに渡った時の気持ちを取り戻せたのだという。

道がないわけではないから、
挫折感はないよ。

1998年、フランスW杯に出場できなかったことについての帰国直後の発言。

「こういうことは、初めてではありません。ブラジルでは、1試合ダメだっただけで半年以上、試合に出してもらえなかった。イタリアでもそんなことはよくありましたから」

選手としても、人生としても、
これでいいということはない。

2005年４月、ヴィッセル神戸在籍時の発言。

「これでいいと思っちゃえば進歩はないし、下に抜かれてしまいますからね。毎年、選手としても人間としてもレベルアップしていこうと思っています」

行くところまで行こうとしか思いません。

2002年２月、ヴィッセル神戸在籍時の発言。
「40歳になった時、35歳の自分が未熟だったなぁと思えたらいいですね」

クロアチアでゼロから再出発して、
ブラジルの無邪気な自分に
戻れたような気がする。

2002年5月、ヴィッセル神戸在籍時の発言。
「いろいろなしがらみから抜け出したんです。やっぱり、自分が自信を持ってやってきたことは、時間がすぎれば宝になるとわかりました」

常に次への危機管理はしているつもりでいます。

2005年の発言。

「サッカーだけじゃなく、人生なら何でも起こり得ますから」

うまくなれるなら
どこまででも行く気だった。

15歳でブラジルに渡った理由を語った言葉。
「ブラジルのサッカーには、憧れていたからね」
「自分がサッカーをする環境はあそこしかないと決めていたんです」

ブラジルの強さは危機感から生まれてくる。
精神的なものにあるんだと、
改めて感じたよ。

1997年８月、日本代表とブラジル代表との戦いを通して感じたこと。
「もちろん、ブラジルは技術をはじめ、すべてが揃っているんですけど」

遊びも大事だけど、
自己管理ができないなら一流にはなれない。

1994年2月、ヴェルディ川崎在籍時の発言。
「ギラギラした若さだとか上を潰してでもレギュラーを奪ってやるという気持ちがなきゃね」「危機感がグラウンドでのすばらしいプレイにつながる」

危機感を持てなくなったら終わり。

1994年２月、ヴェルディ川崎在籍時の発言。
「年をとるほど、危機感が増してくる。だから、練習して練習して、誰よりも長くボールを蹴ってきたんです」

ブラジルが僕を
サッカー選手に育ててくれた。

ブラジル時代を思い出した言葉。
「ブラジルは、厳しさ、練習への姿勢、試合に臨むまでの姿勢、負けず嫌い……そういう部分を育ててくれたと思います」

自分に負けた時には
強くならなければと願う。
そのくりかえしです。

カズの方針は「自分自身に負けないこと」なのだという。

一つ何かをクリアしていくたびに
前に進んでいるという感じもしているけど、
果てしなく続いているという感じもする。

1993年の発言。
「どんなにゲームで活躍しようが、自分の中では、どこにも、何にも到達していないという感じです……人生と同じで、死ぬまでの間は通過点なんです」

若いヤツらというより、
自分自身に負けないぞって
感じのほうが強い。

2006年に「若い選手には負けたくないか」と聞かれての答え。
自分自身との対戦成績は「8勝2敗ぐらいかな」

3章
努力にはコツがある
――キング・カズ「極限身体」語録

人生もサッカーも量じゃない。質だ。

ブラジル時代についての発言。
「シュートの練習もそう。2000本打とうが、ただ打っているだけだったらうまくならない。30本でも1本1本気持ちを込めて集中したほうが断然うまくなる」

サッカーに対する態度や考え方が
今日までぶれなかったからこそ、
あのゴールに至っている。

2011年、東日本大震災チャリティマッチで決めたゴールについての言葉。

「やはりすべてはつながっている。素晴らしいです、サッカーは。そして僕のサッカーは続く」

練習がそのまま社会になっていた。

2004年の発言。
1999年の静岡キャンプにおけるトルシエ監督の練習指導を振り返って。「人間関係を築くこと、競争すること……流れを読むこと、といった社会を生きる上で必要なことすべてが練習に盛り込まれていた」

どんな環境だろうと
途中でやめるのはよくない。
がんばってやりきれば、
それが本当の力になる。

2009年の発言。
「一度途中でやめると、次に同じようなことがあった時にまた簡単にやめてしまう……続けることが大事なんだ」

休んだら明日なんかないと思って
やっていた。

1986年のサントスFC時代を振り返っての言葉。
「プレーできるかできないかという微妙な境目の時に、僕はやらなかったことはない」

食生活がストイックだなんて思っていない。
常にサッカーのためによかれと思って
やっていることの一つにしかすぎない。

2011年の発言。
体重の幅を0.1キロ単位でコントロールするほど
食事を管理していることにふれて。

毎日毎日、トレーニングを
きわめていくだけです。

2006年の発言。
ＦＩＦＡ世界クラブ選手権にシドニーFCとして参加した2005年を振り返り、さらにこれからの抱負を聞かれて。

うまくなりたければ、
いちばん得意なことをやり続ければいい。

15歳からのブラジル生活でカズが心がけていたこと。
「昨日うまくいかなかったからといって、今日は必ずうまくやろうなどと思わないことです。肝心なのは、こまごました不満を持たないこと」

昼寝をするのも、
昼寝をしなきゃいけないって観念で
寝ている。

2007年に自主トレを語った言葉。
「昼寝をしたいっていうよりも、体を休めて、3時からのトレーニングに絶好調でいけるために寝ようという頭がある」

逃げ道も用意してる。
これだけ遊んだら
これだけ練習すればいいって。

2010年の発言。
自己管理は厳しくなりすぎてもよくない。「これだけ遊んだから俺はもう失格だ、とは思わない」と。

筋肉の声が聞こえるようになった。
試合中も、あと少しだから
がんばって動いてくれって話しかけるんだ。

2006年１月、シーズン前のグアム自主トレでの
言葉。

自分が壊れていく瞬間が僕は好きです。

2005年1月、ヴィッセル神戸在籍時の言葉。
「あきらめないで若手についていこうと思うと、心拍数が上がってきつくなって、足の筋肉がバラバラになって……壊れていくんです。」

練習で苦しんで、初めて試合で笑える。

2005年１月、ヴィッセル神戸在籍時の言葉。
「人間ってやっぱり弱くて、どうしても楽をしようという部分が出てくるんですね。だから苦しさをくぐり抜けたら試合でいい思いができると考えながら走っています」

30代で、ストイックにならなくても
試合に集中できるようになってきた。

2002年５月、ヴィッセル神戸在籍時の発言。
「Ｊリーグが開幕した時は、まわりが見えていなかったし、経験もなかったなとわかるんです」

ベストの自分を準備できれば
いいんじゃないか。
準備という考え方はすごく大事だと思う。

2001年２月、ヴィッセル神戸在籍時の発言。
「不本意なことはいくらでも経験していますが、いつだってこう思ってきました。５分でも結果を出そう、自分をどうアピールできるか」と。

振り返っている場合じゃない。

1993年の「ドーハの悲劇」や、1998年のフランスW杯について聞かれた時の言葉。

「もしも自分がサッカーをやめて、冷静にいろいろ振り返る時期がきたら話せることなんだろうけど。悔しかったから話したくないというのとは違うんですけど」

迷うと、走りに行く。

2001年2月、ヴィッセル神戸在籍時の発言。
「サッカーのことに関しては、グラウンドにいる時がいちばん落ち着く。だから実は、『カズは終わった』とか言われた時も、そんなにつらくなかったんです」

結論は、がんばろうということになる。

2001年２月、ヴィッセル神戸在籍時の発言。
「最終的にはいつも、何かあった時には、自分の力が足りなかったなと思っちゃうんですよね」

ワールドカップに出なければ
世界では認められない。

1995年（日本がW杯に出場する３年前）イタリア・ジェノアで１年を終えた時の言葉。

「国際試合をひとつひとつ積み重ねていかなければ認めてはもらえないんだ、ということを、イタリアでは強く感じました」

4章　人生のあらゆる場面を楽しむ
——キング・カズ「ラテン人生」語録

©Kazuaki Nishiyama

真剣にやらないと楽しくないし、
勝ちにこだわらないとつまらないし、
全力でやらないと面白くない。

2006年にシドニーで、サッカーについて語った言葉。
「笑っているから楽しいんじゃなくて」と続けた。

人生には山や谷があって、
僕は谷の時でも
そこはそこで楽しんでいるんだと思う。

2011年の言葉。

Ｊリーグ開幕時代を「第１次カズブーム」、現在の人気を「第７次カズブーム」と笑い、「プレーをすることをやめない限り、僕には谷なんてないんだろうな、と思います」

どんな環境でも、いいところも
悪いところもある。
自分で探した「よさ」を見れば
気楽に生活できる。

1993年、ヴェルディ川崎在籍時の発言。
ブラジルの生活を思い出した時のセリフ。

リラックスは、トレーニングと
同じくらい大事。
リズムをつくるためには、
その時間がないといけない。

2002年２月、ヴィッセル神戸在籍時の発言。
「以前は体を酷使してしまうところがありました。今は流すところは流せるし、サッカー以外の時間をうまく使えるようになりました」

何があっても、人生、
楽しまなきゃいけない。

2005年８月、横浜FCに移籍時の言葉。
海外でサッカーをしているなかで学んだことを問われた時のセリフ。「いいことも悪いこともぜんぶプラスに変えていかなきゃいけませんから」

あれもダメ、これもダメでは
逆にストレスがたまっちゃうでしょ。

2007年に体調管理を語ったセリフ。
「バランスを考えて、体重や体脂肪率と相談しながら。遊んじゃいけないといっても、仕事をするのは遊ぶためですから」

厳しさの中で楽しさを表現する。

2006年のドイツW杯に出発する中田英寿選手を励ました言葉。

「常に全力でやる姿勢を期待しているし、なおかつエンジョイしてほしい」

責任感や危機感は持つべきだけど、
楽に考えることもするべきだね。

1999年10月、クロアチアから帰国した後の発言。
「クロアチアは、たかがサッカーという部分と、プロとしてやっているという部分のバランスが保たれていていいんです」

楽しむことが「逃げ」になってはいけない。

1996年９月、ヴェルディ川崎在籍時の発言。
「超一流の選手しか楽しめる域に達することができないかもしれない」

喜びを得るためには
どこかで我慢しなければいけない。

2011年の発言。
「僕は人生はプラスマイナスゼロだと思ってるんですよね」というのがカズの基本の考え方。

僕はさめない。情熱が消えることはない。
人生を楽しむために苦しみたいんだから。

2002年２月、ヴィッセル神戸在籍時の発言。
「ワールドカップが終わってさめるのは、選手以外の人々でしょう」

僕はマゾヒストでナルシストなんだ。
目標を設定して
苦しい思いをしていれば楽しい。

2005年夏、横浜FCに移籍する際に、年齢と結果について問われた時の言葉。
「Mナルという言葉を考えたんだけど、広まらなかったんだよね（笑）」

昔は、追い込まないと結果が出なかった。

1999年10月、クロアチアから帰国した後の発言。
「今は、試合に出る直前まで、笑顔でいられるんです。精神的なバランスがうまく取れるようになりました」

満足したの？

カズは取材終了後、インタビュアーにこうたずねることもある。「何かあるたびに、自分の姿勢は変わってきました。サッカーを伝えるという自分の使命を信じて生きていきたいと考えています」

僕、女の子はみんな好きですよ。

1991年、ブラジルから帰国後、日本の女性とブラジルの女性のどちらが好きか、とたずねられた時のセリフ。

サンパウロでは、夜の街でも
ヒーローだった。

ブラジル時代を振り返った言葉。
「質問されることは苦労話ばかり。でも僕はそんなに苦労してるつもりはないけど……カラオケやディスコには、よく行ったなぁ」

サッカーが好きで、お金をもらう。
もう、言うことないじゃないですか。

2002年５月、ヴィッセル神戸在籍時の発言。
「子供の頃、遊んでいた頃から変わっていないんです」

今の自分が最高だよ。後悔もしない。

2002年2月、ヴィッセル神戸在籍時の発言。

「自分がもう5年遅く生まれたらとかそういう発想はありません。今まで目いっぱいやってきた自分が好きなんですから」

カラオケのレパートリーに演歌が入ってきた。
やっと、絵になるようになってきたね。

2005年８月、年齢を重ねたことについて聞かれた時のセリフ。

5章 試合が心を成長させていく

――キング・カズ「折れない心」語録

©J.league Photos

俺たちはこんなところで死ねない。
こんなところじゃ死ねねーんだよ！

1997年のフランスW杯予選の時の言葉。
アウェイのウズベキスタン戦（1対1で引き分け）後のホテルで、荷物をスーツケースに入れながら叫んだ。

先に勝ち負けを意識していたら、
気持ちは安定しない。

2008年の発言。

「一番大事なのは……90分間、自分の全力を尽くすこと。その次だよ、結果は」

「俺ももう44歳だし、まあ仕方ないや」

なんて思ったことは1度もない。

2011年、モチベーションの保ち方についての発言。
「出られなかった悔しさ、1分も使われなかった時のむしゃくしゃする気持ちは、10代、20代の時とまったく変わらず、今も持っている」

反骨心があるから。
今日はこれぐらいでいいだろうというのが
ないもん。

2007年の言葉。
40歳になってもモチベーションが落ちない理由を聞かれて。

いい精神状態でサッカーに臨むことが大事。
それが、ゴールや勝ちにつながる。

2005年10月、横浜FC在籍時の発言。
「昔は、ゴールや勝ちしか考えられませんでしたけど」

次の日に練習すると、
そんな感情的になるなよ、と
もう一人の自分が話しかけてきて、
再生しちゃう。

2011年の発言。

「試合で満足いく形で使われない時、毎回、こんなチームやめてやるって思う。でも、練習やっていれば、頑張っていればいいことあるよ、みたいな声がどこからか聞こえてくるんですよね」

僕は見返すなんて言葉は使わないんです。
自分が満足できるかできないか、
それだけなんです。

1998年のフランスW杯に出場できなかった悔しさについての発言。

「自分が一生懸命やれたかやれなかったか、自分がうまくやれたかやれなかったか」「僕は、自分自身に対して、悔しかった」

最初にうまくいかなくても、
こういう展開になっていくだろうと
頭に入っているから、
コントロールしていける。それが経験。

1988年のサンパウロ州選手権1部キンゼ・デ・ジャウー時代でのプレーについての発言。
「経験って、グラウンドで表れるものなんだ」

相手をなめたら必ず負ける。

2006年に横浜FCがJ1に昇格できた理由についての発言。

「どんな相手に対しても敬意をもって臨む。大胆に、そしてアグレッシブに戦う」

相手はいるんだけど、
敵は自分自身なんだよね。

1995年までのセリエAでの挑戦について訊かれた時の言葉。
「自分の気持ちを納得させる努力が、いちばん大切なんですね」

やっていけるかどうかは、
本当は心の問題だと思う。
精神力のコントロールが、
いちばんむずかしいんだ。

プレイの質について問われる時にカズが何度か言っている言葉。
「ブラジルで18歳でプロになった時に、このままいけるかなと思っていたのに壁に直面してしまった。あの時は、まわりからの重圧で精神的に自分をコントロールできなかったんですね」

戦術におぼれたら絶対に負けます。

1997年３月、日本代表戦のハーフタイムでチームメイトに言った言葉。
「やるのは俺たちなんだから。誰もやってくれないんだから」

消極的なプレイから出てくるミスは
よくない。
精神のコントロールで
変えられるはずだから。

1997年8月、日本代表とブラジル代表との戦いを通して感じたこと。
「強い気持ちを持っていないとダメです。ブラジルというブランドに気持ちが負けているんですから」

プライドって大事だよね。
それが自分を支えるから。

1995年までのセリエAでの挑戦について聞かれた時の言葉。
「15歳からブラジルでやってきたという自負がある」「すごくイライラしていたけど、自分を信じるんだと思いました」

「俺の力で、
チームを勝たせることができる」
自信があるかないかは、
そう思えるかどうか。

1999年１月、クロアチア・ザグレブ移籍時の発言。
「今はその自信があるから引退は考えていません」

選手は、先のことなんて
考えないんじゃない？
とにかく、今日を一生懸命
やるしかないんだ。

2005年４月、ヴィッセル神戸在籍時の発言。
「先のことなんて誰もわからないし、保証もありませんし」

「気にしないようにしよう」と
努力してるところが、
まだダメなんですけど。

2006年の発言。
自分には「自分がこんなふうにできなかったからチームがこうなった、って背負い込んでしまう」習慣があるが、「今は……そういうことはあまり気にしないようにしてます」と言った後に。

簡単なプレイが
簡単にできるようになりました。

2002年5月、ヴィッセル神戸在籍時の発言。
「ワンタッチで味方を使って自分を生かすプレイもできるようになって、1対1の場面でもあわてなくなりましたから」「あわてなくなった今の自分が大好き」

やっぱり気持ちが出発点。

2006年の言葉。
「カズはサッカー少年の原点に戻っている?」と問われて。「戻ってますね……いろんなトレーニング方法を採り入れて……最初に気持ちがなかったら、そんなこと考えないと思う」

6章　若い人たちへのアドバイス

——キング・カズ「成功モデル」語録

©Hattrick

時間はありそうでない。
30歳なんてすぐじゃん。

1990年、サントスを去り、日本に帰国してＪリーグの読売クラブ入団を決めた時を振り返る言葉。
「23歳でものんびりしていられない、という認識だった」

自己主張ができれば
若くても
少し外れてもよいと思います。

2008年の発言。
「規格外のような、常識破りの選手というか。野次が飛んでも『もっと言ってみろ！　俺はプレーで返すから見ておけ！』という奴がいてもいい」

30代の前半は現役の中では
一番難しい時期なんですよ。
まだ自分との折り合いがつかなくて。
それがだんだんついてくるんです。

2006年の発言。
「老兵と呼ばれて気になるか」と聞かれて「30代の前半はベテランという言葉にもナーバスになってました」と言った後に。

自分を犠牲にするより
エゴを出したほうがうまくいく。

ヴィッセル神戸時代を振り返っての発言。
「エゴって言葉はマイナスなイメージがあるんですけど、逆に積極性があるって考えれば、これほど強いものはない」

ぶつかることをエネルギーにしていた。

2004年の発言。
中学3年生の時の担任・海野実氏との関係を振り返って。「とにかくよく怒られていたし、何かとぶつかっていたからね」

言われたことしかできない
選手にはならないで。

1991年１月、読売サッカークラブ在籍時、サッカー少年に向けての発言。

「日本の高校サッカーを見るとかわいそうになります。もっと明るく元気よくやったほうがいいんじゃないか」

何を言われてもいいじゃないか。
自分がやるしかないんだからね。

1999年２月、クロアチア・ザグレブ在籍時の発言。
「だから、変な気負いはないんです」

コーチにやらされるんじゃなくて
自分でやることが大事。
サッカーを好きになることが第一だ。

1990年7月、サントスFC在籍時の発言。
優秀な選手になる秘訣を問われた時のセリフ。
「サッカーが好きなら、どんなことでも我慢できる。僕は、そうやって生きてきたから。」

日本の高校生は、夢は国立競技場でプレイすること、と言う。
なんでワールドカップに出ると言わないんだろう？

1990年7月、サントスFC在籍時の発言。
日本のW杯出場は夢のまた夢と言われていた頃からカズは常に「夢はW杯出場」と言い続けてきた。

未知の力を持った人間は、
グッと伸びないとね。

1999年10月、クロアチアから帰国した後、京都サンガで若手に期待しているという発言。

どちらかというと、
言葉よりも体で感じてほしい。

2006年の発言。
長く現役を続けるために若い選手に教えたいことを聞かれての答え。

よいところで、よいタイミングで、
よい人に出会うことができた。
これが大きかった。

ブラジルで選手として成長した要因について語った言葉。
「すべてがうまく噛み合ったんだよ。そのおかげで、伸びなきゃいけない時に、確実に伸びた」

1人でいることに慣れると、
人間、暗くなるよな。

1986年、サントスと最初の契約を交わした時に母親に出した手紙の言葉。
「自分の部屋って初めてだからうれしい。1人でいると落ち着くし……けど」

若い頃きついことをやっている人は
体力が落ちてきても、
もう1回上げることができる。

2006年の発言。

J2に移籍後の体力維持を聞かれて。「調整だけでやってきた選手っていうのは、30歳を過ぎて自分が衰えてきた時にまた頑張ろうって思っても、もう体の強さを上げていけないんです」

若い時の貯金があったから、今がある。

2002年５月、ヴィッセル神戸在籍時の発言。
「若い時に、基礎になる筋力をつけていたからこそ、今の訓練が生きているんです」

今乗りこえなくてどうする、
という気持ちが
上回るヤツだけが本当に生き残れるんだ。

2001年6月、ヴィッセル神戸在籍時の発言。
「本当は、ビビるし、こわいし、逃げ出したいよね」

若い選手たちの多くは、
本当に恵まれた環境にいるのに、
それに甘えてしまって
自分を追い込んでいない。

2004年の言葉。
中村俊輔が「今もビデオを見て他の選手のテクニックを研究し、新しいプレーにチャレンジしようとしている」ことと、現在の若手を比べて。

見当もつかない先のことで「成功」や「失敗」を思い悩んだりはしない。

1995年1月、セリエAでの試練の時を語る言葉。
「たたかれてもがんばってプレイをすることが自分を成長させることにもなりますから」

環境が整っていなければプレーできない
という選手だったら、
すぐに終わりだと思います。

2006年の発言。
ブラジルやイタリア、日本J1、J2などのさまざまなサッカー環境を比較して。

日本が強くなるためには、
自分を踏みこえていく人が
たくさん出てこなきゃ。

2001年２月、ヴィッセル神戸在籍時の、若手についての発言。
「みんな、やってる、やってるっていくら口で言っても、本当にやってるレベルとは違いますから。僕がここまでプレイし続けられているのも、あの頃に自分をいじめ抜いたからなんです」

負けてから立て直すのは大変。

2005年４月、ヴィッセル神戸在籍時の発言。
「敗北を勝利につなげていくのは、本当に大変な作業です」

7章　はい上がった数だけ強くなる

——キング・カズ「ポジティブ思考」語録

栄光は自信につながり、
挫折は踏ん張る力を与えてくれました。

2011年の言葉。
サッカー人生で味わった栄光と挫折のどちらに意味があったかと聞かれて、「両方です」と答えた。

大事なのは、結果が出なくても
人のせいにしないってこと。

2006年の発言。
「悪い時は、つい誰かのせいにするけど、違うんです。自分自身に原因があるんです。僕は、ずっとそう思い続けてきました」

いいことばかりじゃなかった。
でも、大事なのはそこで努力を
やめないこと。

2004年の発言。
キーパーの川口能活のサッカー人生の浮沈を振り返って。「能活は常に自分を信じて、努力を続けていた」

何も失っていません。
すべて自分の財産になっていると思います。

2002年12月、ヴィッセル神戸在籍時の発言。
「僕にしかできないこと、目指していることを、理解してくれるようになってきたと感じている」

どんな時も僕はくさらないですよ。

2011年の言葉。
「コツコツとやっていれば、必ずどこかでチャンスが来ると思っていたから。いつか必ず自分を必要とする時がくる。その時まで頑張ろうと思ってました」

「これが人生だ、大したことない、これくらい苦労しなきゃダメなんだ」って言い聞かせていました。

ブラジルとイタリアのリーグにおける人種差別についての発言。

「サッカーの世界の中にも、人種差別はある。だけど、僕は全然、くさることはない」「いつも目標があれば大丈夫なんです」

神から与えられた試練だと思う。
逆境をはねのける強さを持てということ。

1995年1月、セリエAでの試練の時を語る言葉。
「イタリアでは、ヨーロッパと南米以外の選手はいらないという意識があるんです」

プレッシャーから逃げたい自分が
いつもいるんだけど、
「おい、そうしたら人生つまんないだろうが」
と思い直す。

2001年２月、ヴィッセル神戸在籍時の発言。
「こんなところで終わっていいのかよ。負けたら何も残らないじゃないか」と。

うまくいくことなんて
少ししかないんだから、
自分のミスで負けても下は向かないんです。

2004年12月、ヴィッセル神戸在籍時の発言。
「サッカーは、失敗の連続なんです。うまくいかないことばかりだから」

とにかく、大事なのは、
普段の自分の姿勢なんです。

2011年の発言。
「地に足がついているか、浮き足立っていなかったか……努力を怠っていなかったか……そんなことがちゃんとできて初めて、底に落ちた時も、底からはい上がってこられるんだと思う」

いつも、くりかえし、
いろいろな壁に当たる。

1996年９月、ヴェルディ川崎在籍時の発言。
「年間何試合やっても、強気になっている自分もいれば、弱気になってズルズル負けてしまう自分もいます。いつもそれのくりかえし。人生と一緒のような気がします」

苦しまなければ、よいことは
絶対に起こらない。

2007年の発言。
「若い頃に体をいじめて、それに耐えられた人だけが残っていくのだと思う」

日本代表から外されたからといって、サッカーをやめる理由にはなりません。

フランスW杯の直前で日本代表から外れて帰国した時のことを振り返った言葉。
「もちろん代表のユニフォームを再び着たいという目標はあります。でも大きな目標よりも、1試合1試合、チームを勝利に導いていきたいという気持ちでいるんです」

このチームが最後だ、と言わないよ。

2005年８月、横浜FCに移籍した時の言葉。

「クロアチアが最後だ、京都が最後だ、神戸が最後だ、といつも思っていましたが、これ以上言っているとウソつきになっちゃいますから。もともと25歳ぐらいのころは、32歳ぐらいまでやってスパッとやめるんだろうなと思っていましたし」

苦い時期があるから、
喜びの季節が格別なのも事実。

2006年Ｊ２のスタートにあたっての言葉。
「でもピッチの外には、そのサッカー人生の苦楽みたいなものは、なるたけ持ち出したくない」

悔しさはすべて練習にぶつけた。

1995年１月、セリエＡでの試練の時について語る言葉。

「そりゃあ、出場できないままゲームが終わってしまうと悔しいよ」「一生懸命に練習して、チャンスを待つしかない」

ブラジルでは、自分の弱さとも戦った。
逃げたかったけど、逃げ出せなかった。

15歳でブラジルに渡った頃を思い出した言葉。
「目標にしたものには挑まなければ気がすまないし、本当にこれでいいのか、これで満足なのかといつも問い直しました」

潰されたら、実力がないことの証明になる。

逆境にある時にカズは、しばしばこういう発言をしている。

明日がどうなるかなんてわからない毎日を、
精一杯に生きていた。

1986年2月、ブラジルでプロとしてデビューした日は特別なのだという。「これまでの人生でいちばん緊張したのは、サントスで11番をつけてプロデビューをした日」

チャンスを生かせなかったら
自分は終わりだと思った。

1986年２月、ブラジルでプロデビューした日には屈辱を味わった。「緊張で、笑ってしまうぐらい足が前に出ないんです。ピッチで取り残されてしまうような恐怖は、今でもよく覚えています」

後輩が海外で活躍すると、
自分が否定されたように
思った時期もあったけど、
そうじゃないんだよね。

2002年5月、ヴィッセル神戸在籍時の発言。
「自分のやってきたことは否定されるわけがないというか、それはそれで違うことというか、自分のしてきたことに今までよりも誇りが持てるようになったんです」

今は、緊張と重圧があると、余計に動ける。
それが、自分の積み重ねてきたことなんだ。

1986年２月、ブラジルでプロデビューした日の緊張感を、チャンスが巡ってくるとよく思い出すのだという。「今は経験があるから、緊張や重圧で動けなくなることはありません」

苦い経験は消えないものだから、
いつまでもこだわっていたら
次にプレイができない。

「ドーハの悲劇」について問われた時のセリフ。
「勝負は次の日から始まるし、サッカーはずっと動いている」「ただ、ショックというのは、やわらぎはするけど、なかなか消えるものじゃないですよ」

うれしさは、一瞬喜べば消える。
悔しいと、あとから胸が痛むんだ。

1998年９月、出場できなかったフランスW杯についての発言。

「フランスW杯の時、最初は淡々としていましたけど、テレビで見る段階になって胸が痛み、さびしさを感じました」

一家が崩壊しているような生活の中でも
貧しいと思ったことは一度もない。

家族がばらばらだった静岡での小学生時代を語った言葉。
「心は豊かだったし、食事はちゃんと食べさせてもらってたし」

親をなくしたこどもたちがいる。
学校に行くと、
みんな強く明るく生きているんです。

1999年３月、ＮＡＴＯ軍がコソボに空爆を行った時、カズは近くのクロアチア・ザグレブでプレイをしていた。「日本では本当に感動することが世の中にないみたいになっているけど、あの子たちは本当に小さいことでも感動してくれる。純粋で、すごく明るかったなぁと思い出すんです」

試合に出ている時の苦しさなんて、
出ていない時の苦しさに比べたら
比較にならない。

2005年4月、ヴィッセル神戸在籍時の発言。
「だからこそ、出ていない時に自分が何をやらなければいけないか、そこのところで自分に負けないようにしてきました」

8章　自分をどう表現していくか

――キング・カズ「スーパースター」語録

©Shinji Akagi

日本代表としての誇りと魂は
フランスに置いてきた。

1998年、フランスW杯に出場できなかったことについての、帰国会見での発言。

かっこいい洋服着てるから
かっこいいんじゃない。
ポルシェ乗ってるから
かっこいいんじゃないんだよ。
サッカー選手だからかっこいいんだよ。

2007年の発言。
「本分のサッカーっていうものを一番の軸としてしっかりしていなければ、何やっても意味ないんじゃないかな」という言葉に続けて。

11人のうまい選手を集めても
勝てないということは
わかりきったことだけど、
究極的には、みんなそこを求めて
いるんじゃないか。

2010年の発言。
日本代表の監督だったジーコについて、「サッカーをアートとしてとらえているし、美しいサッカーが一番だと考えている」と述べた後の言葉。

自分の持ち味を消してまで
相手を意識したプレーはしたくない。

2008年の言葉。
「僕が相手を気にするのではなく、向こうが僕を怖がってマークしてくるようにならなければいけないんです」

戦う人か、戦わなくなる人か、
甘んじる人か、
選手の発言を聞けばわかるんだ。

1996年9月、ヴェルディ川崎在籍時の発言。

意見は言ったほうがいい。

2005年４月、ヴィッセル神戸在籍時の発言。
「自分の思いを言わない時のほうがうまくいかなかったような気がしています。自分なりに感じていることがあれば、意見を言うべき時には言おうかな、と」

若い頃は、
黙っていても意志の疎通ができるのが
プロだろうと思っていたけど、
実際に言葉にすることが大事なんだと
今は実感しています。

2005年４月、ヴィッセル神戸在籍時の発言。
「言葉ってものすごく大事なんだなぁ」「言葉による人へのコーチングは重要です」

よく、夢は語ったほうがいいって
言うじゃない？
言わなきゃ、結局、何も始まらない。

2002年５月、ヴィッセル神戸在籍時、Ｊリーグ開幕時の自らの発言を思い出してみてのセリフ。
「根拠なんかないハッタリかもしれなかったけど、あの時期は、言うことがどんどん現実になっていきましたから」

気持ちとか情熱とかは
しゃべっていかなきゃいけない。

2002年５月、ヴィッセル神戸在籍時の発言。
「間違って書かれても、自分の思いをきちんと言い続けるべきだと今なら思えるんです。グラウンドに毎日来ている記者にはちゃんと話さなきゃいけない」

僕を見て同世代の人が元気になるのは
うれしい。

2002年5月、ヴィッセル神戸在籍時の発言。
「いろいろな人が勇気を持ってくれたり、こどもが憧れてくれたり、プレイし続けることでまわりの人にメッセージを送り続けられたらいいなと今も思っています」

僕を記事にすればおもしろいと
思ってくれる。
そのことを、誇りだと思えるように
なったんだ。

2002年５月、ヴィッセル神戸在籍時の発言。
「新聞のつくり方を勉強して理解するようになったのが32歳の頃でした」

舞台を与えてくれたら
いいプレイをする自信はある。
それ以外のことは、
まわりが評価することだからね。

2002年２月、ヴィッセル神戸在籍時の発言。
「京都から神戸に来て、また新しい自分を発見できましたし」

自分にしかできないことを大事にして、
サッカーの本質を忘れずにプレイしたい。

1999年９月、京都パープルサンガ在籍時の発言。
「試合は苦しまなければ勝てないけど、そのなかに楽しいと思える瞬間があればいいんです」

サポーターも日本独自のカラーを
つくっていけばいい。
無理して本物のマネばかり
しなくてもいいんだよ。

1994年２月、ヴェルディ川崎在籍時の発言。
「ブラジルでサッカーに命を賭けている筋金入りの観客のマネをしても勝てるはずがない。日本は日本のやり方でいいんじゃないか」

今は、ひとりの人間として
応援してくれている。
そういうことが、よくわかるようになった。

2002年5月、ヴィッセル神戸在籍時の発言。
「以前のブームの時にあったのは、華やかさだけでしたから」

9章 戦いは信頼関係の中でこそ

——キング・カズ「トップリーダー」語録

小さなグループの中で
コミュニケーションを取れない人間が、
どうして5万人に囲まれて、
プレッシャーの中で自分を出せるのか。

2004年の発言。

トルシエ監督が「結果がすべてだ」でなく、「人間性こそがすべてだ」という哲学を持っていたことにふれて。

パスをもらえないこともある。
解決するには、
プレイで信頼を勝ちとる
しかない。

ブラジル以来のカズの苦境の打開策。

監督の言葉や、まわりの言葉が
入りすぎちゃうと、
自分で考える能力や直す能力が
すごく薄れてくる。

1997年３月、日本代表の戦いについての発言。
「誰かが何か言ってくれるんじゃないか、誰かがこういうふうにしてくれるんじゃないかと思ってしまう時があるけど、そんなのはないんです」「状況を打開するのは、自分たちの勝ちたいと思う気持ち」

これをやれば監督から怒られない、
というふうに、なってはいけない。

1997年4月、ヴェルディ川崎在籍時の発言。
「グラウンドに出たら、結局は選手なんだ。戦術は必要だけど、サッカーってその通りにはいかないですから。自分たちなりのアイディアを出してがんばらないといけない」

もっと意見をぶつけてもいいんじゃないか。

1997年6月、日本代表についての発言。
「ブラジル人なんか、試合中に『おまえのパスが悪いんだ』って向こうが悪くなくてもとりあえず言っちゃうし、喧嘩しているからね。試合が終わった時にパッと関係なくなるのがプロですから」

選手は弱い。勝っても油断する。

2005年4月、ヴィッセル神戸在籍時の発言。
「チームの雰囲気は見ていて明らかにわかるんです。油断しちゃうと、すべてがだらける。だからミーティングをやったほうがいいと思うと、声をかけあって、選手たちだけで集まったりしていました」

シンプルに仕事をしようと思えるようになった。

2001年２月、ヴィッセル神戸在籍時の発言。
「前は、俺はあいつよりできるから前にも行けると動いて、逆に悪くなることもありました。今ならほかの選手に任せて、自分はシンプルに点を取ろうと思えるんです」

ピッチに立った時に何をするのか、
そのためにどんな準備をするかが大事。

2005年４月、ヴィッセル神戸在籍時の発言。
「個人もチームも、いきなり調子がよかったり悪かったりするんじゃなくて、全部つながっているんです」

僕は勝負をかける。
みんなもかけてもらいたい。

1996年９月、ヴェルディ川崎在籍時の発言。
「全員が『今回が自分のラストチャンスなんだ』と思う気持ちが、ワールドカップの予選には大事なんだ」

表に出ない仕事をしてる人にも、
本当に一流の人もいると思う。

2006年の言葉。
30代後半のファンが熱く応援していると言われて。「みんな本当に一生懸命に生きてると思うんですよ」

「必ずどこかでカズが必要とされる場面が
来るから」って
声をかけられたんだ。

カズは1998年のフランスW杯最終メンバーに残れなかった。だがスイス最終合宿には参加した。その時、読売クラブ社長だった森下源《もと》基《き》氏から、こう励まされた。

世界のトップレベルの選手が
ホントに必死になるところを
日常的に知ったことが、
すごく刺激になったんじゃないか。

中田英寿選手が2003年に「変わったなと思った」理由について。
「ローマでは日本人としてのハンデもあったはず。そんな時に何が一番大事かと言ったら、やっぱりハート。それを体感したんじゃないかな」

僕の肩をたたいたのが、
僕への最後の「言葉」だったのかな、
とも思う。

2004年の言葉。

1997年のフランスW杯最終予戦でカザフスタンに敗れ、加茂《かも》周《しゅう》監督が更迭された。その時、「加茂さんと言葉をかわす間もなかったけど……すれ違いざま、僕の肩をポンポンとたたいていった」のを回顧して。

10章　自分を意識して変えていく

――キング・カズ「セルフチャレンジ」語録

©Kazuaki Nishiyama

僕はもうあのゴールを
振り返っちゃいけない。

2011年、東日本大震災のチャリティマッチで決めたゴールについての言葉。
「今回、どこかで酔っている自分もいて、でも、その酔いは危険なんです。酔いは捨てて次に向かう、これが大事なんです」

昔の自分にはこだわっていない。
それよりも新しい自分の可能性を
発見していきたい。

2011年の発言。
「30を過ぎてからは、４年周期くらいで自分の肉体やサッカーへの取り組み方を見直すきっかけがある」

できなかったものが
できるようになったわけじゃなくて、
あまりやってなかったことが
コンディション次第では
まだできるんだという発見です。

2011年の発言。
「昔は、体のほうが先にいっちゃってたけど、今は考えて体を動かして、何か学んでいるという感じになる」ことを説明して。

現場の選手やクラブの人と
ペアを組むことで
自分のマイナスをプラスにしていける。

2005年８月、横浜FCに移籍した時の言葉。
「年齢的に衰えていないと言えばウソになるけど、まだまだできる仕事はあるし、やりたいという情熱がある。引退は考えていない」「サッカーをプレイすることが好きだし、選手として成長したいと思っているから」

これまで築いてきたのは、精神的な自信。
だけど、守ろうなんて
これっぽっちも思わない。

2001年２月、ヴィッセル神戸在籍時の発言。
「何かを持ち続けることにはあまり興味がないんです」

ヒデは芸術家で、僕は職人なんです。
芸術家は理想とするものがなくなったら
すぐやめちゃう。
でも職人はずーっとつくり続ける。

2008年の発言。
中田英寿と自分は似ているが、「ヒデはデジタルで、僕はアナログかな」と言った後に。

自分のサッカー人生の
先が見えてしまうのは嫌だ。
満足しちゃいけないんだ、
外に出るべきだと思った。

1994年6月、イタリア・ジェノア移籍時の発言。
なぜイタリアに行きたいのかと問われて。

金銭とか保険とかがあると、
考えちゃうでしょ。
それがなくなれば、
やりたいことが見えてくる。

1999年１月、クロアチア・ザグレブ移籍時の発言。
「自分をよくしていきたいなら、今、海外に行かなければダメだと思いました」

世界水準の精神や技術を求めるなら、外に出ないとダメだよね。

1997年９月、ヴェルディ川崎在籍時の発言。
「ヨーロッパや南米でしか味わえない雰囲気やスピード感やプレッシャーがある。つくづく、海外に出てプレイするというのは大切だなと思うんです」

違う国でやれば、
新しい自分のスタイルというものが
必ず見つかるものなんだ。

2005年、横浜FCからシドニーFCへレンタル移籍をした時の発言。
「プロになって20年目でこういう経験ができることは本当にうれしい。何か新しいものを見つけたいよね」

「どうなるだろうか」という不安より、
やってみたい気持ちのほうが強いから。

1996年９月、ブラジルとイタリアの挑戦の決断について聞かれた時のセリフ。
「余分なことを考えないから思い切れました。行ったら行ったで大変だけど」

今は変な欲望はない。
人として成長できると思う。

1999年１月、クロアチア・ザグレブ移籍時の発言。
「僕が求めているのは試合で活躍することだけではありません。クロアチアというサッカーの盛んな国で生活してサッカーをやる喜びというか……その経験が後の自分に有意義だと思うから移籍するんです」

自分がどこまで努力しようとしたのか。
僕は、ものごとをそれで判断しています。

2004年12月、ヴィッセル神戸在籍時の発言。
「ドーハの悲劇はショックでしたが、サッカーを奪われたわけではありませんから」

スポーツ選手って、
一流になるほど繊細だね。
人の言葉は残るし、小さく傷ついているし。

1996年９月、ヴェルディ川崎在籍時の発言。

「弱気になった時の自分が結果を出せなかったのは、自分で知っているからすごく情けなくなるんです。前向きに勝負した時には負けても後悔しません。結果が出せなくても納得して、ゆっくり眠れたりしますから」

きれいな終わり方よりも
自分が納得して終わりたい。

2006年の言葉。
自分が引退する時の「花道」を問われての答え。
「形には全然こだわらない」

11章 何が勝敗をくっきりと分かつか

――キング・カズ「熱闘」語録

ターニングポイントになった時だけ、
頑張ろうと思ってもできない。

2004年の発言。
「何が成功と失敗を分けるのか。もちろん運は大事なんだけど」と言った後に続けて。

結局は、一瞬一瞬が勝負。
日頃の生活と、合宿中の練習と、
気合いだよね。

2001年２月、ヴィッセル神戸在籍時の発言。
「まずは現役としてがんばらないといけない」

99回外しても、平然と100回目を蹴る。
そういう精神構造でないと
やっていけない。

2001年6月、ヴィッセル神戸在籍時の発言。
「フォワードは、万が一を心底信じて疑わない」

大事なのは、いつ全力を出すかの判断力。

1994年10月、セリエAの試練の渦中で語ったセリフ。

「セリエAの選手は、それが優れている」「日本人選手が世界から見ると経験不足と言われるのはそういうところじゃないかなと思う時があります」

とにかく、ひとつひとつでしょう。
その先に、試合や勝利があるわけだから。

1999年２月、クロアチア・ザグレブ在籍時の発言。
「熾烈なポジション争いとかいうのは、自分の考えよりも先に進みすぎています。報道はそういう報道でいいんだけど、自分としてはそれにはついていけないんですよね」

練習がすべてだと思う。

1995年1月、練習への姿勢について訊かれた時のセリフ。

「チャンスがきたら自分は大丈夫だと思うために、練習に100%の力を入れて、体をつくってきました。練習を人一倍やらなければならないんです」

体調をベストに持っていくのも戦い。

2005年４月、ヴィッセル神戸在籍時の発言。
「グラウンドでいいパフォーマンスができれば、いちばん、自分の生きていくモチベーションにつながりますから」

コンディションを落とさないこと。
しっかりした準備をいつもしておくこと。

2001年2月、ヴィッセル神戸に移籍した際に「今度、何を心がけますか」と聞かれた時の発言。

グラウンドの中に
監督は入ってこられない。
グラウンドは選手のもの。
楽しいよ。

2002年５月、ヴィッセル神戸在籍時の発言。
「好き勝手やっていたら交代させられますが、でもグラウンドのことは自分たちにしかわからないことが多いわけです。監督の言うことを尊重はしますけど、その通りにはならないんですから」

知識を入れすぎるのもよくないね。
「あれをしてない」と、不安が増えるから。

2005年４月、ヴィッセル神戸在籍時の発言。
「少しでも不安があると、バランスが崩れますから」

日本人の短所は、状況判断が遅いところ。
日本人は教えられすぎています。

1991年7月、読売クラブ在籍時の言葉。
「教えられたこと以外の、自分の発想でやるというところがブラジルよりも遅れています」

正直、4—4—2とか3—5—2とか
どっちがどうなのか、
よくわかんないんだよね(笑)。

2005年秋、練習帰りの車中で語った言葉。
「若い頃は感覚でやっていたから。これからはサッカー全般をしっかり勉強しないとね」

負けん気や闘争心は
グラウンドに立てば自然と出てきます。

2006年の発言。
「むしろグラウンドの外であまり考えすぎないほうが、本能の闘争心とのバランスがよくなるんじゃないかと思います」

体力と速度が落ちたら、
集中力で相手の裏をかかなければならない。

1999年９月、京都サンガ在籍時の発言。
年齢と運動量について訊かれたカズは「足の速いＤＦと足で競争するのでは勝てない。フェイントでつっておけば抜けるし勝てる」と言いながらこう答えた。

ムダな動きはしないようにして、
じっと、チャンスを待っていた。

1999年９月、京都サンガ在籍時の発言。
「一生懸命に動いても、空回りする時はあります。サッカーって、動くだけじゃないんだね……年齢とともにプレイスタイルは変わってくるんじゃないかな。力の出しどころがわかってきた」

経験と実績だけでは勝負できないから、
やっぱり今を充実させないといけない。

2001年２月、ヴィッセル神戸移籍時の発言。

「自分が今までやってきたことは間違っていなかったとは思っています。でも現役なんで、プレイの面で引っ張っていかなければなりません」

2年後の夢を語るわけにはいかない。
明日の夢を語るしかない。

2005年4月、ヴィッセル神戸在籍時の発言。
「だから、自分のやるべきことや考え方は変わりません」

チームが負けてもひきずらなくなった。
成長したというか、視野が広くなった。

2005年1月、ヴィッセル神戸に在籍時の言葉。
「それなりの経験もしてきましたし」

成功かどうかは、
これからの自分次第だと思う。

1995年、イタリア・ジェノアでの1年を終えた時の発言。
「34試合のうちに21試合に出たのは事実だからね。みんな簡単にいろいろ言いますけど、ふつうはベンチにも入れないんですから。どういう世界かは、自分で行った人にしかわからないと思います」

最後はハートの勝負なんだ。

1994年２月、ヴェルディ川崎在籍時の発言。
ディエゴ・マラドーナのボールへの執念について言及していた。「彼が絶頂の時は相手が３人来ようが４人来ようがね」「ディエゴは絶対転ばなかった」

参考文献（『蹴音』所収）

『ストライカー』１９９２年10月号
『CADET』１９９１年４月号
『ザ・テレビジョン』１９９０年９月14日号
『スコラ』１９９７年３月27日号
『バート』１９９４年４月11日号
『J・プレス』１９９３年７月号
『スーパーサッカー』１９９３年１月号
１９９２年11月号
『サッカー・アイ』１９９１年秋号
『ブルドッグ』１９９１年10月号
『Jサッカーグランプリ』１９９３年５月号
１９９３年８月号
１９９３年９月号
『週刊ポスト』１９９９年１月29日号
『サンデー毎日』１９９１年５月26日号
『週刊文春』１９９１年２月21日号
１９９３年３月11日号
１９９３年３月18日号
１９９３年３月25日号
１９９３年４月１日号
１９９３年４月８日号
１９９３年４月15日号
１９９３年11月18日号
１９９５年６月８日号
１９９５年６月30日号
２００５年８月11・18日号
『MEN' S NON・NO』１９９１年１月号
『スポーツでーた』１９９２年11月号
『テレビライフ』１９９２年11月27日号
『SPUR』１９９０年11月号
『明星』１９９２年８月号
『GORO』１９９０年９月27日号
『週刊読売』１９９０年10月７日号
１９９２年７月５日号
『SPA!』１９９２年４月８日号
１９９２年６月10日号
『デュエット』１９９２年６月号
『英雄神話 Dramatic SPORTS』２００２年12月１日号
『こども時刻表』平成３年夏号
『SPORTS Yeah!』２００２年５月９日号
『週刊プレイボーイ』１９９０年７月10日号
１９９９年９月28日号
２００１年２月13日号
『月刊プレイボーイ』４月号
『Gainer』１９９４年４月号
『CanCam』１９９３年11月号
『VIEWS』１９９３年７月14日号
１９９２年１月22日号
『person』２００２年２月号
『Pee Wee』１９９１年６月号
『ドリブ』１９９１年３月号
『3分クッキング』№90
『スターライトヒーロー』１９９２年４月号
『朝日小学生新聞』１９９３年１月１日付
『朝日中学生ウィークリー』１９９３年１月１日号
『東京中日スポーツ』１９９３年１月１日付
『奥さまもしもししんぶん』１９９２年１月５日付
『報知新聞』１９９２年２月20日付
１９９３年１月１日付
『ACT』１９９１年10月１日号

『DIME』 1992年5月7日号
『STAR soccer』
2005年2月12日号
『Number』 1991年9月20日号
1992年12月20日号
1994年2月3日号
1994年10月13日号
1995年4月27日号
1995年1月19日号
1995年8月31日号
1996年9月21日号
1997年3月27日号
1997年4月24日号
1997年6月19日号
1997年7月31日号
1997年9月25日号
1999年2月25日号
1999年10月21日号
2001年2月22日号
2001年6月14日号
2002年5月23日号
2002年12月19日号
2005年4月21日号

参考文献（新原稿）

『Number』
2006年JANUARY
2006年JULY
2007年MARCH
2010年APRIL
2011年JANUARY
2011年AUGUST
2011年MAY
2011年DECEMBER
『Number PLUS』
2006年9月号
『週刊文春』 2007年1月4・11号
『読売ウィークリー』
2008年2月3日号
『週刊プレイボーイ』
2007年3月19日号
『AERA』 2008年3月3日号
2010年3月29日号
『SPORTS Yeah!』
2005年12月1日号
『サッカーマガジン』
2007年1月16日号
『週刊サッカーマガジン』 2011年
『Weekly Soccer Magazine JAPAN』
2007年1月16日号
2008年5月27日号
『PRESIDENT』
2007年1月15日号
『バーサス』 2005年12月号
2005年9月号
2006年1月号
『スポルティーバ』 2006年1月号
2008年4月号
『ディア・カズ 僕を育てた55通の手紙』
三浦知良 文藝春秋

プロフィール
三浦知良（みうら　かずよし）
1967年、静岡県生まれ。静岡学園高校１年の途中で、ブラジルのＣＡジュベントスに留学。
86年にサントスＦＣとプロ契約。ＳＥマツバラ、キンゼ・デ・ジャウー等への移籍を経て､90年帰国。読売サッカークラブに入団。Ｊリーグ元年の93年に、ヴェルディ川崎を優勝に導き、ＭＶＰを獲得。同年、アジア年間最優秀選手賞も受賞した。94年、イタリアのジェノアに移籍。翌年ヴェルディに復帰し、98年末からクロアチア・ザグレブへ。99年６月に帰国し、その後京都パープルサンガ、ヴィッセル神戸を経て2005年11月から06年１月までシドニーＦＣにてプレー。06年７月横浜ＦＣに移籍した。日本代表としてＡマッチ出場89試合、55得点。
http://www.kazu-miura.com

本書は、2006年３月にぴあより刊行された『蹴音』を改題し、大幅に加筆・修正したものである。